Construir faros

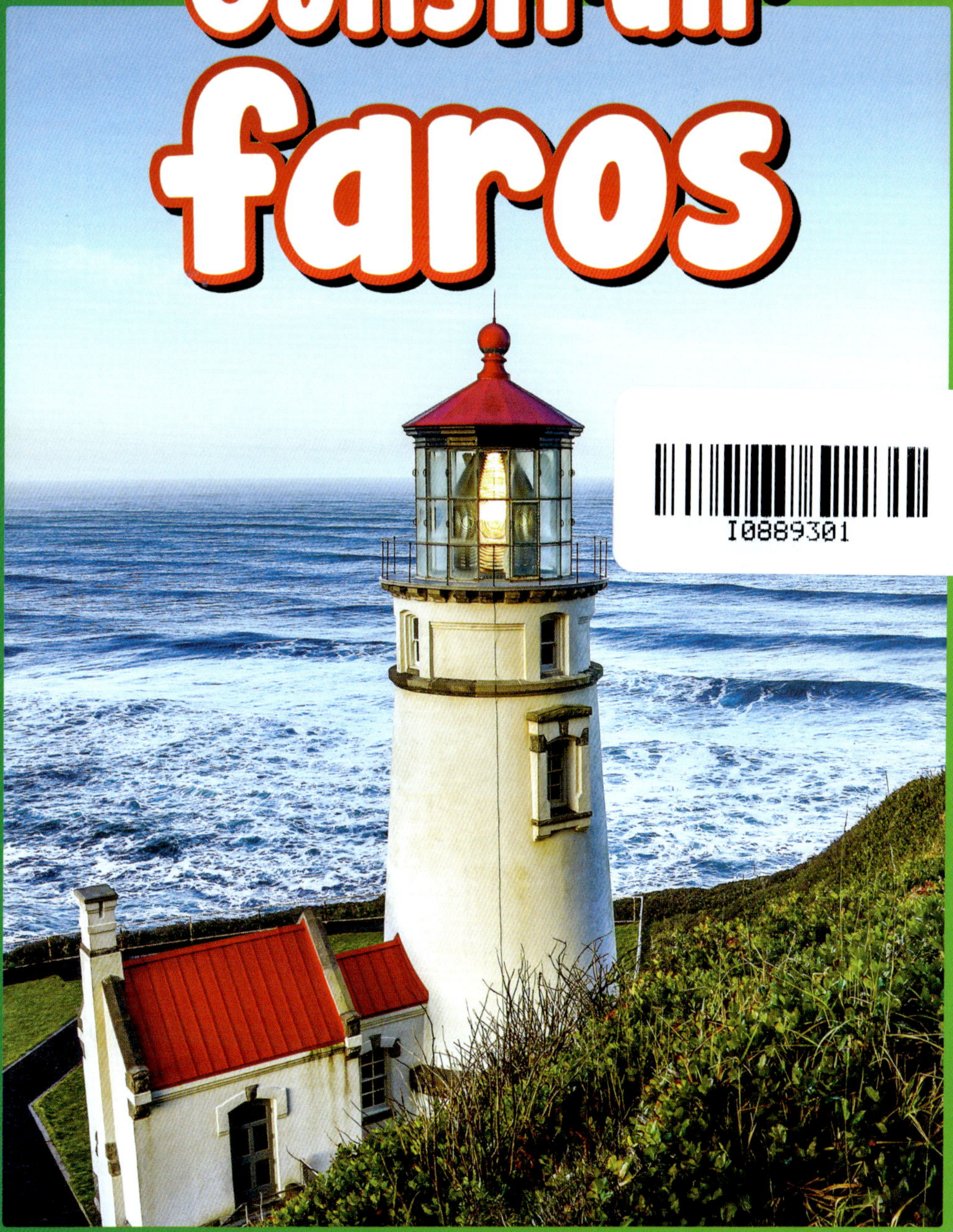

Nellie Wilder

Smithsonian

Asesores

Brian Mandell
Especialista de programa
Smithsonian Science Education Center

Sara Cooper
Maestra de tercer grado
Distrito Escolar Fullerton

Chrissy Johnson, M.Ed.
Maestra, escuela primaria Cedar Point
Escuelas del Condado de Prince William, Virginia

Créditos de publicación

Rachelle Cracchiolo, M.S.Ed., *Editora comercial*
Conni Medina, M.A.Ed., *Redactora jefa*
Diana Kenney, M.A.Ed., NBCT, *Realizadora de la serie*
Emily R. Smith, M.A.Ed., *Directora de contenido*
Véronique Bos, *Directora creativa*
Robin Erickson, *Directora de arte*
Michelle Jovin, M.A., *Editora asociada*
Caroline Gasca, M.S.Ed., *Editora superior*
Mindy Duits, *Diseñadora de la serie*
Kevin Panter, *Diseñador gráfico superior*
Walter Mladina, *Investigador de fotografía*
Smithsonian Science Education Center

Créditos de imágenes: pág.13 Emad Victor Shenouda (Creative Commons); todas las demás imágenes cortesía de iStock y/o Shutterstock.

Library of Congress Cataloging-in-Publication Data

Names: Rice, Dona, author. | Smithsonian Institution.
Title: Construir faros / Dona Herweck Rice ; Smithsonian Institution.
Other titles: Building lighthouses. Spanish
Description: Huntington Beach, CA : Teacher Created Materials, 2020. | Audience: Grades K-1. | Audience: K to grade 3.
Identifiers: LCCN 2019038999 (print) | LCCN 2019039000 (ebook) | ISBN 9780743925969 (paperback) | ISBN 9780743926119 (ebook)
Subjects: LCSH: Lighthouses--Juvenile literature.
Classification: LCC VK1010 .R5318 2019 (print) | LCC VK1010 (ebook) | DDC 387.1/55--dc23

Smithsonian

Teacher Created Materials
5301 Oceanus Drive
Huntington Beach, CA 92649-1030
www.tcmpub.com

ISBN 978-0-7439-2596-9

Printed in Malaysia
Thumbprints.25940

Contenido

¡Que se haga la luz!

Los barcos pueden viajar lejos en el mar. Pero ¿qué pasa cuando se acercan a tierra firme? Si hay mucha **niebla** o está oscuro, pueden chocar con la costa.

¡Es cuando los faros ayudan!

Este faro ilumina el cielo una mañana con niebla.

Podemos ver los faros durante el día.

Los faros guían a los barcos que se acercan a la costa. Las luces muestran a los **marineros** dónde ir. También avisan a los marineros sobre el peligro. Los faros son como las señales de tránsito del mar.

Tecnología y matemáticas

¿Qué es ese sonido?

Cuando hay niebla, se usan sirenas de niebla para avisar a los marineros. Las sirenas de niebla se pueden oír a casi 6 kilómetros (4 millas) de distancia. ¡Los faros se pueden ver a una distancia seis veces mayor!

La historia de los faros

Los faros son torres con luces brillantes en la parte de arriba. Iluminan en la oscuridad. Durante el día, son señales para que los marineros sepan dónde están.

La Estatua de la Libertad alguna vez se usó como faro.

volcán en erupción

Ciencias

Hecho por la naturaleza

¡La naturaleza puede hacer faros! En general, los volcanes no se ven de noche. Pero, cuando hacen erupción, brillan en la oscuridad. Su luz guía a los barcos.

El fuego

El fuego fue la primera luz que se usó para guiar a los barcos. Las **fogatas** ayudaban a los marineros a ver tierra firme.

Después, se empezaron a colgar cestas de metal en postes altos. Se encendía un fuego dentro de la cesta. Ese fue el primer tipo de faro.

Este fue el primer tipo de faro.

Pharos

Se cree que el primer faro se llamó Pharos. Tenía espejos en la parte de arriba. De día, la luz del sol rebotaba en los espejos. De noche, las personas encendían fuegos en la parte de arriba. Su luz podía verse desde lejos.

¿Cómo se lee?
Pharos = (FA-ros)

De día, la luz del sol rebota en los espejos.

De noche, se encendían fuegos.

Nuevas reglas

Con el tiempo, se construyeron cada vez más faros. Se crearon reglas nuevas para los faros. Cada faro tenía que ser **único**. Así los marineros sabían dónde estaban con solo ver el faro.

La pintura de este faro lo ayuda a destacarse.

Ingeniería y arte

Diseño

Cada faro se construía con lo que había en el lugar. Luego, se pintaba para destacarlo. Los colores dependían del lugar donde estaba construido el faro.

Nuevas maneras

Los faros ya no se construyen como antes. Ahora hay nueva **tecnología**. Se usan computadoras para construirlos. Ya no se necesitan personas para encender las luces. Las viejas maneras quedaron en el pasado.

Este faro se construyó hace muchos años.

Este faro usa la energía del sol para iluminar la noche.

Historias para contar

Hay faros en casi todas las costas. Todos son únicos. Han salvado barcos y marineros. Si los faros pudieran hablar, ¿qué historias contarían?

DESAFÍO DE CTIAM

El problema

Se necesita un nuevo faro en la costa. Te han pedido que lo diseñes. Tu faro debe ser único. Debe iluminar a gran distancia. ¿Estás preparado para esta tarea?

Los objetivos

- Usa cualquier material para hacer un modelo de tu faro.
- Usa una linterna como la luz de tu faro.
- Enciende tu faro en una habitación oscura para probarlo.

1 Investiga y piensa ideas

¿Qué usan los faros modernos para dar luz? ¿Cómo se puede ver la luz desde muy lejos?

2 Diseña y construye

Dibuja tu plan. ¿Cómo funcionará? ¿Qué materiales usarás? ¡Construye tu modelo!

3 Prueba y mejora

Pon una linterna dentro de tu faro. Enciéndela. Apaga todas las demás luces. ¿Puedes ver la luz desde el otro lado de la habitación? ¿Puedes mejorar tu faro? Vuelve a intentarlo.

4 Reflexiona y comparte

¿Qué otra cosa, además de la luz y el sonido, puede ayudar a los barcos que están cerca de la costa? ¿Cómo pueden protegerse los conductores de los carros cuando está oscuro o hay niebla?

Glosario

fogatas

marineros

niebla

tecnología

único

Consejos profesionales
del Smithsonian

¿Quieres diseñar faros?
Estos son algunos consejos para empezar.

"Estudia arte para aprender a diseñar y construir faros".
—Sharon Park, directora adjunta de preservación arquitectónica e histórica del Smithsonian

"Me encantan los faros porque me encanta la historia. Todos los edificios viejos alguna vez fueron nuevos. Si los estudias con suficiente atención, puedes descubrir cómo vivían y trabajaban las personas".
—Michael Lawrence, director adjunto de exhibiciones